Ethik
5/6

Arbeitsheft

Autoren

Cornelia Heimbrock
Adalbert Wegmann

Cornelsen

Inhaltsverzeichnis

Vorwort

Soll ich oder soll ich nicht? War es richtig oder war es falsch? Viele Fragen, die du dir in deinem Leben manchmal stellst. Es können ganz persönliche, aber auch allgemeine Fragen sein.

Jetzt hältst du ein Arbeitsheft in der Hand, das sich mit deinen eigenen Fragen und den Fragen anderer auseinander setzen will.

Viele verschiedene Kapitel sind in diesem Heft und in dem Ethikbuch bearbeitet, sie zeigen dir ganz unterschiedliche Situationen von Menschen auf. Vielleicht findest du dich sogar manchmal wieder.

Du kannst die Aufgaben aus diesem Arbeitsheft alleine lösen, du kannst sie mit einem Partner lösen oder ihr löst sie in der Gruppe. Versucht viele Aufgaben selbstständig zu bearbeiten, das bringt für euch den meisten Gewinn.

Wir hoffen, dass euch dieses Arbeitsheft hilft euch selbst und den anderen näher kennen zu lernen.

Dabei fällt mir ein …

▶ Du siehst hier mehrere Gegenstände. Schau sie dir an und verfasse eine Geschichte.

So fühle ich mich

▶ Schneide den Würfel aus und klebe ihn zusammen. Bilde nun mit anderen eine kleine Gruppe. Jeder von euch legt das Gesicht des Würfels nach oben, das seine momentane Gefühlslage am besten ausdrückt, und erklärt, warum. Beginnt eure Erklärung mit: Ich habe das lachende Gesicht gewählt, weil …

Ausschneidebogen

Sinn und Sinnlichkeit

▶ Auf diesem Blatt sind alle Sinnesorgane abgebildet. Probiere deine Sinnesorgane aus und schreibe auf, was du alles mit ihnen machen kannst.

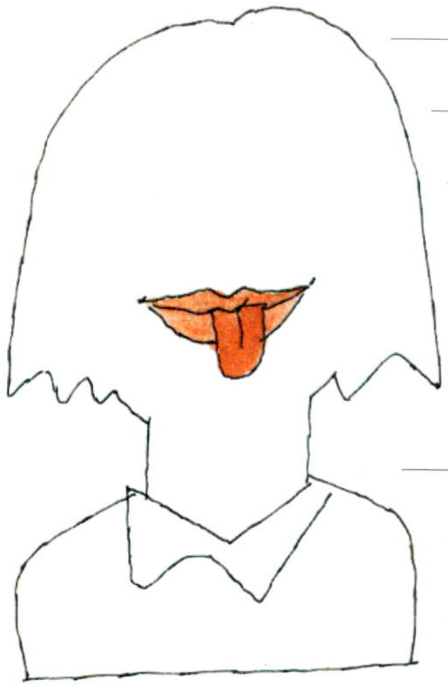

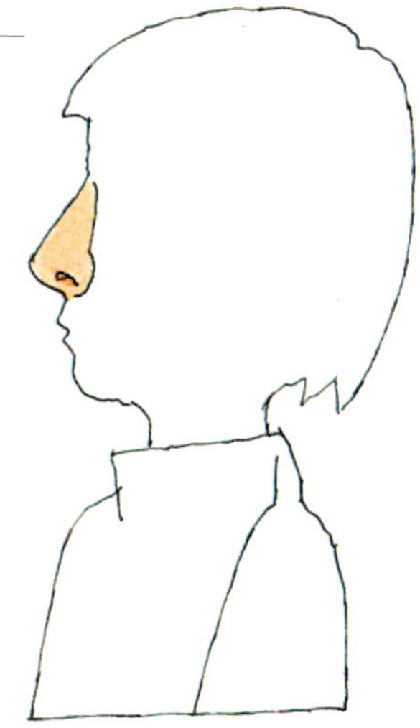

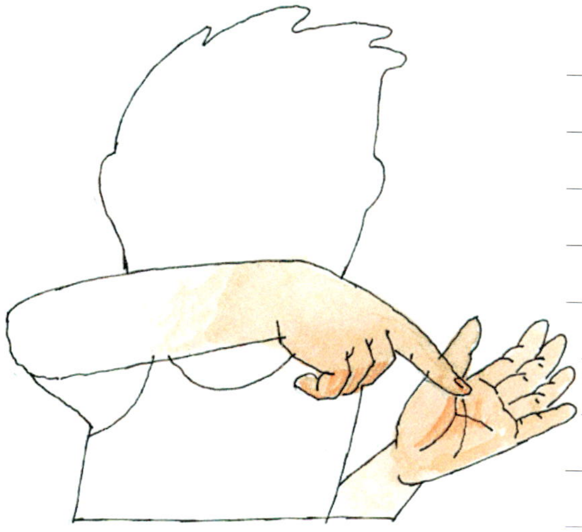

Was ist für mich wichtig?

▶ Im Leben sind ganz unterschiedliche Dinge wichtig. Lies dir alle Aussagen durch und entscheide dich dann für die zehn, die dir am wichtigsten sind. Trage sie in die Hitliste ein. Vergleicht anschließend eure Hitliste in der Klasse und wertet sie aus.

- Zuwendung bekommen
- zuhören Können
- viel Geld haben
- klare Anweisungen erhalten
- in den Arm genommen werden
- gut aussehen
- in der Schule der/die Beste sein
- erfahren,dass man beliebt ist
- bewundert werden
- guter Sportler sein
- viele Freunde/Freundinnen haben
- gut singen können
- schicke Kleidung tragen
- Verantwortung übernehmen
- immer cool sein
- Mut haben
- auch mal zuhauen können
- Angst zugeben können
- Fehler eingestehen

Meine Hitliste

1. ______________________
2. ______________________
3. ______________________
4. ______________________
5. ______________________
6. ______________________
7. ______________________
8. ______________________
9. ______________________
10. ______________________

Ich finde dich gut, weil …

▶ Auf diesem Arbeitsblatt sollen deine Klassenkameraden aufschreiben, warum sie dich gut finden. Wenn du willst, kannst du auch andere Personen, die nicht zu deiner Klasse gehören, bitten, die freien Kästchen auszufüllen.

Trage deinen Namen ein

Zeichen der Einsamkeit und der Gemeinsamkeit

- Es gibt Zeichen, die Einsamkeit, und andere, die Gemeinsamkeit ausdrücken.
  Male deine eigenen Zeichen für Einsamkeit und Gemeinsamkeit.

Manchmal so und manchmal wieder anders

▶ Du erlebst dich immer wieder in ganz unterschiedlichen Stimmungen. Manchmal wärst du vielleicht gerne mit jemandem zusammen und dann wärst du wieder gerne alleine.

Wenn ich ______________________________

____

____

____

wäre ich gerne alleine.

Wenn ich ______________________________

____

____

____

wäre ich gerne mit anderen zusammen.

Eltern umtauschen

▶ Stell dir vor, du könntest dir deine Eltern kaufen oder bei Nichtgefallen umtauschen. Schreibe in die freien „Einkaufsregale" Eigenschaften, die Eltern haben sollten, und auf den „Umtauschschein" Eigenschaften, die Eltern deines Erachtens nicht haben sollten.

Eltern – Umtauschschein
anders als im Katalog abgebildet

zu dick,
zu streng

____

____

____

____

____

____

Fragebogen für die Familie

▶ Führe in deiner Familie – dazu gehören beispielsweise auch deine Oma und dein Opa – eine Familienbefragung durch. Die Frage lautet: „Was hältst du für wichtig, damit das Zusammenleben in unserer Familie funktioniert?“ Wertet das Ergebnis aus und stellt einen „Familienkatalog“ zusammen.

Name des Familienmitglieds	Antwort
Foto	
Foto	
Foto	
Foto	
Foto	

Ich bin stark

▶ Lest euch den Text des Liedes durch und füllt anschließend die leeren Kästen aus.

Starke Kinder

Starke Mädchen haben nicht nur schöne Augen.
Starke Mädchen haben Phantasie und Mut.
Starke Mädchen wissen selbst wozu sie taugen.
Starke Mädchen kennen ihre Chance gut.

Starke Jungs, die können nicht nur Muskeln zeigen.
Starke Jungs, die zeigen Köpfchen und Gefühl.
Starke Jungs woll'n ihre Meinung
nicht verschweigen.
Starke Jungs, die kommen lächelnd an ihr Ziel.

Starke Kinder halten felsenfest zusammen,
Pech und Schwefel, die sind gar nichts gegen sie,
ihren Rücken lassen sie sich nicht verbiegen,
starke Kinder, die zwingt keiner in die Knie.

Starke Kinder haben Kraft um sich zu wehren
und sie seh'n dir frei und ehrlich ins Gesicht.
Starke Kinder wollen nur die Wahrheit hören
und so leicht betrügt man starke Kinder nicht.

Starke Mädchen stehen fest auf ihren Beinen.
Starke Mädchen wollen alles ausprobier'n.
Starke Mädchen sagen ehrlich, was sie meinen.
Starke Mädchen können siegen und verlier'n.

Starke Jungs, die wollen alles selbst erleben.
Starke Jungs, die können auch mal Zweiter sein.
Starke Jungs sind stark genug um nachzugeben.
Starke Jungs, die fall'n auf Sprüche nicht herein.

Musik für Dich. Rolf Zuckowski oHG, Hamburg

Ich bin ein starkes Mädchen und habe nicht nur schöne Augen, sondern ich

____

____

____

____

____

Ich bin ein starker Junge und habe nicht nur Muskeln, sondern ich

____

____

____

____

____

Ich bin ... ______________________

____

____

____

____

____

____

Ich bin ... ______________________

____

____

____

____

____

____

Da musste ich mich entscheiden

▶ Kennst du das? Du steckst in einer brenzligen Situation und musst dich blitzschnell entscheiden. In anderen Situationen hast du wiederum ausreichend Zeit und kannst deine Entscheidung länger überdenken. Finde Beispiele für beide Entscheidungstypen und erkläre, wodurch deine Entscheidung jeweils beeinflusst wurde.

Was mache ich, wenn?

▶ Schau dir die dargestellte Situation an. Schreibe in die Sprechblase, wie du in einem solchen Fall reagieren würdest.

Die Mitte finden

▶ Schreibe die vorgegebenen Geschichten zu Ende, indem du eine geeignete Lösungsmöglichkeit suchst. Vergleicht eure Ergebnisse in der Klasse und begründet, warum ihr euch für diese Lösungen entschieden habt.

Du sitzt an einer Klassenarbeit für das Fach Englisch. Obwohl du gelernt hast, fällt dir für eine Übersetzung eine Vokabel nicht mehr ein. In einem günstigen Moment fragst du deinen Banknachbarn, mit dem du befreundet bist, nach dieser Vokabel. Da zeigt dieser auf und meldet dem Lehrer, dass du mogeln willst. Du wirst blass im Gesicht. Der Lehrer kommt auf dich zu … ______

Deine Mutter ist zum Einkaufen gefahren und du musst in der Zwischenzeit auf deine kleine Schwester aufpassen. Große Lust hast du dazu allerdings nicht. Da klingelt es an der Tür, deine Freunde wollen dich zum Computerspiel abholen. Du bist ein ganz begeisterter Computerspieler und deine Freunde sind dir sehr wichtig. Sie schlagen dir vor … ______

Caroline hat in der nächsten Woche ihre Geburtstagsfeier. Alle aus der Klasse sind eingeladen, bis auf Rebekka. Du findest es ziemlich blöd, dass sie immer ausgestoßen wird. Es gelingt dir aber nicht die anderen zu überzeugen. Deswegen sprichst du mit Caroline über dieses Problem. Sie hört dir zu und sagt: „… ______

Das Wichtigste ist für die Augen unsichtbar

▶ Eltern, Lehrer oder Freunde treffen manchmal Entscheidungen, die dich betrüben oder traurig machen, andere wiederum stimmen dich froh und glücklich. Beschreibe solche Situationen, in denen dir so etwas passiert ist. Du brauchst sie nicht vorzulesen.

Da ging etwas schief – und was nun?

Nicht immer geht im Leben alles glatt. Ab und zu liegt man mit einer Entscheidung sogar total daneben. In einer solchen Situation kann es passieren, dass man ziemlich ratlos ist. Sammelt mehrere Steine, die ihr schön findet.

Schreibt auf die eine Seite in Stichworten kurz eine Begebenheit, in der ihr eine falsche Entscheidung getroffen habt. Stellt eure Entscheidung der Klasse vor und überlegt gemeinsam, ob es eine bessere Möglichkeit gibt. Schreibt diese dann auf die Rückseite eures Steines und klebt ein Symbol dazu.

In den Schuhen des anderen ein Stückchen gehen

▶ Einige Leute, die ältere Menschen sehen, sagen sich: „Die merken ja doch nichts mehr." Dabei haben ältere Menschen, wie alle anderen Menschen, Bedürfnisse und Sehnsucht nach Mitgefühl, Zuneigung und Anerkennung. Versuche, dich in die Situation eines älteren Menschen hineinzuversetzen. Gehe einen Tag lang in seinen „Schuhen". Beschreibe, wie sein Tagesablauf aussieht.

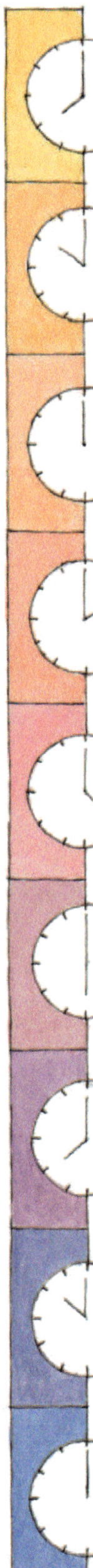

8.00 Uhr

10.00 Uhr

12.00 Uhr

14.00 Uhr

17.00 Uhr

18.00 Uhr

20.00 Uhr

22.00 Uhr

24.00 Uhr

Mit dem Rollstuhl unterwegs

▶ Versucht euch in einem Altenheim oder bei einer Hilfsorganisation einen Rollstuhl zu besorgen. Unternehmt damit eine Fahrt durch euren Ort.
Schreibt auf, welche Einrichtungen (Museum, Sporthalle, Pommesbude …) ihr nicht besuchen konntet, weil sie mit dem Rollstuhl nicht zu erreichen sind. Versucht mit einer Zeichnung Gebäude so zu ändern, dass auch Menschen mit Behinderungen am alltäglichen Leben teilnehmen können.

Ein bisschen süchtig ist jeder, oder?

▶ Schaut euch die Bilder an. Denkt genau nach, worauf ihr überhaupt nicht verzichten oder was ihr nicht unbedingt haben müsst. Tragt es in die Tabelle ein.

kann ich nie drauf verzichten	kann ich drauf verzichten	ist mir egal
______	______	______
______	______	______
______	______	______

Schreibe dann auf, was passieren würde, wenn du all die Sachen aus der Spalte „kann ich nie drauf verzichten" nicht mehr bekommen würdest.

____

____

____

____

Da braucht jemand deine Hilfe

▶ Schau dir die Bilder an. Schreibe auf, wie du in den Situationen helfen würdest.

Blume des Glücklichseins

▶ Es gibt ganz verschiedene Situationen, in denen du glücklich sein kannst. Blumen des Glücklichseins kannst du selbst pflanzen. Fülle die leeren Kästchen aus.

Ich habe tausend Wünsche

▶ Wünsche hat jeder; sicher auch du. Trage deine Wünsche in eine Tabelle ein. Schreibe daneben solche Wünsche, die man sich nicht durch eine Katalogbestellung erfüllen kann.

Wünsche aus dem Katalog	Wünsche, die es in keinem Katalog gibt

Mein Schutzmantel

▶ Wenn du angegriffen wirst, gibt es verschiedene Möglichkeiten, darauf zu reagieren. Stell dir vor, du hast einen unsichtbaren Schutzmantel. Welche Eigenschaften sollte dein Schutzmantel haben?

Zeichen des Traurigseins

▶ In traurigen Momenten fühlt sich kein Mensch gut. Einige Menschen schämen sich sogar, anderen ihre Trauer zu zeigen. Aber wir können nicht so tun, als gäbe es diese Momente nicht. Versuche, für Traurigkeit und Betrübtsein Symbole und Zeichen zu finden und schreibe auf, was du in solchen Situationen machst.

Wenn ich traurig bin, dann gehe ich auf mein Zimmer und stelle ganz laute Musik an, damit ich nichts anderes höre und niemanden sehen muss.

Hitliste der Lieblingssendungen

▶ Aus dem Fernsehen kennst du viele Sendungen. Erstelle eine Hitliste deiner Lieblingssendungen und begründe deine Wahl. Zeichne eine Szene dazu.
Wertet alle Hitlisten in der Klasse aus und erstellt eine Liste der Lieblingssendungen für die ganze Klasse.

Name der Sendung	Gezeichnete Szene	Begründung für deine Wahl
1.		
2.		
3.		
4.		
5.		

Die „gute Nachricht"

▶ Gute Nachrichten sind im Fernsehen nur sehr selten zu sehen. Dennoch gibt es eine Menge guter Nachrichten. Schreibt auf, welche guten Nachrichten es gibt.

Es gibt noch anderes …

▶ Viktor sitzt den ganzen Tag vor dem Fernseher, sieht sich Videos an oder spielt am Computer. Du willst Viktor zeigen, dass es aber noch viele andere Möglichkeiten gibt, seine Freizeit zu gestalten. Schreibe ihm einen Brief.

Lieber Viktor!

Wenn der eigene Kummer fotografiert wird

▶ Stell dir vor, dein Lieblingstier ist gestorben. Du bist darüber sehr traurig. Am Nachmittag willst du dein gestorbenes Tier begraben. Ein Nachbarskind will dich dabei heimlich fotografieren. Schreibe deine Gedanken dazu auf.

Ein Stein erzählt

▶ Sucht für jeden in der Klasse einen Stein. Danach setzen sich alle mit ihrem Stein in der Hand im Kreis. Schön wäre es, wenn ihr ruhige Musik dabei hören könnt. Nach einer Zeit der Stille liest jemand die folgenden Sätze vor. Findet weitere passende Sätze. Anschließend kann jeder über seinen Stein eine Geschichte erzählen.

ein Stein kann ein Wurfgeschoss sein
ein Stein kann verletzen oder sogar töten
ein Stein kann ein Andenken sein

ein Stein ....

ein Stein ....

ein Stein ....

ein Stein ....

Mein Stein erzählt ...

Alltägliche Gewalt

▶ Johannes und Jürgen stehen sich auf dem Schulhof gegenüber. Johannes ist wütend auf Jürgen und schlägt ihn. Jürgen kann nun auf verschiedene Weisen reagieren. Spielt alle unten genannten Reaktionen nach. Findet weitere Möglichkeiten. Versucht, nach der Spielszene eure Gefühle auszudrücken.

So könnte es weitergehen:

Jürgen schlägt zurück.
Jürgen sagt ein Gedicht auf.
Jürgen fängt den Schlag ab.
Jürgen steht ganz still und lässt sich schlagen.

Hitparade des Friedens

▶ Aus dem Radio oder dem Fernsehen kennst du viele Musiktitel. Suche aus diesen Titeln die Lieder heraus, die etwas mit dem Thema Frieden zu tun haben. Trage diese zu einer Hitparade zusammen und beschreibe kurz, worum es in diesen Musikstücken geht. Wenn ihr wollt, könnt ihr ein eigenes Friedenslied entwerfen.

Titel	Popgruppe Sängerin/Sänger	Kurzbeschreibung
1.		
2.		
3.		
4.		
5.		
6.		
7.		
8.		

Ich kann Frieden schaffen

▶ Die Klasse 6b hat bei Frau Wehmeyer Kunstunterricht. Mit Wasserfarbe werden die „Blätter des Herbstes" gemalt. Petra und Oliver sitzen zusammen an einem Tisch. Oliver ist mit seinem Bild bald fertig. Er findet, dass es besonders schön geworden ist. Da passiert es. Petra stößt beim Aufstehen Olivers Wasserglas um.

Oliver und Petra haben einen Streit. Spielt die Situationen in der Klasse nach und sucht nach einer friedlichen Lösungsmöglichkeit.

Oliver	*Pass doch auf, jetzt ist mein ganzes Bild versaut.*
Petra	*Da konnt' ich doch nichts für, ich bin gestolpert.*
Oliver	*Du malst mir das Bild neu, damit das klar ist.*
Petra	*Denk ich gar nicht dran, ist doch dein Bild.*
Oliver	*greift Petra an* *Du hast wohl nicht alle Tassen im Schrank.*
Petra	*Nimm die Finger weg, du Blödmann, pack mich nicht an!*
	die anderen in der Klasse stellen sich um die beiden
Franziska	*Das finde ich gemein, dass muss sie für ihn neu machen.*

Oliver:

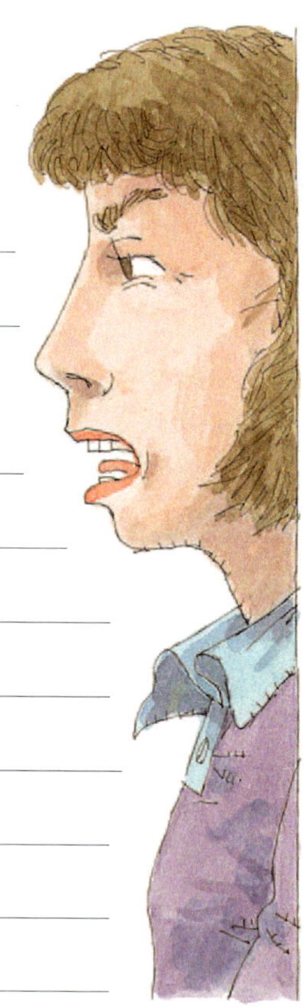

Stimmt so nicht

▶ Vorurteile über bestimmte Menschengruppen sind weit verbreitet und halten sich hartnäckig. Schreibe auf die linke Seite eines Faltblatts solche Vorurteile und auf die rechte deine eigene Bewertung.

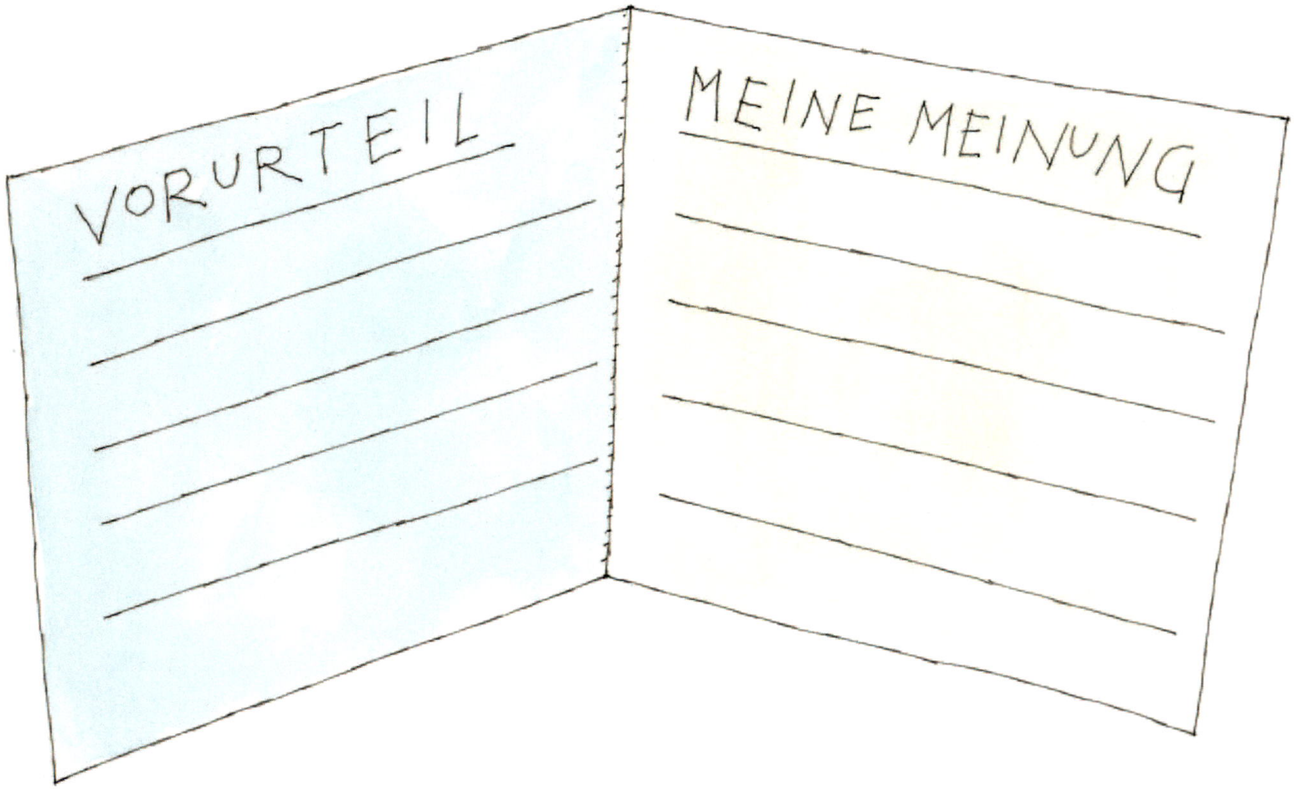

Dem Fremden begegnen

▶ Überlege, wie du dich verhältst, wenn du einem Fremden begegnest.
Wertet anschließend eure Antworten in der Klasse aus. Legt fest, welches Verhalten ihr unpassend, welches zutreffend und welches ihr für nicht richtig, aber auch nicht falsch haltet.

Kreuze dein wahrscheinliches Verhalten an:

1. Ich treffe auf jemanden, den ich nicht kenne.	Der andere interessiert mich nicht. ☐	Ich versuche vorsichtig herauszufinden, wer er wirklich ist. ☐	Ich beobachte erst einmal, wie sich der andere verhält. ☐
2. Ich gerate irgendwo mit fremden Menschen in einen Streit.	Ich setze meine Meinung auf jeden Fall durch. ☐	Ich versuche den Streit irgendwie zu beenden. ☐	Ich lasse den anderen ausreden und höre ihm einfach zu. ☐
3. Ich stelle fest, dass einem fremden Mitschüler mehr Rechte eingeräumt werden, als mir selbst.	Ich versuche sofort, auch seine Rechte einzuschränken. ☐	Ich versuche meine eigenen Rechte notfalls auch mit Gewalt durchzusetzen. ☐	Ich wende mich an den, der dem anderen die Rechte einräumt, und verlange das Gleiche für mich. ☐
4. Ich stelle fest, dass ich nicht gleichberechtigt bin.	Ich verbünde mich mit anderen und setze meine Rechte durch. ☐	Ich kann nichts ändern und weiß, dass ich mich nicht durchsetzen werde. ☐	Ich berate mich mit meinen Freunden und Freundinnen und frage sie um Rat. ☐
5. Ich habe einen anderen verletzt und das ärgert ihn.	Ich halte das nicht für wichtig, weil es sich von alleine erledigt. ☐	Ich entschuldige mich bei ihm und sage ihm, dass ich mich ärgere. ☐	Es tut mir leid, aber ich reagiere nicht. ☐
6. Jemand redet schlecht über einen anderen, den ich gut kenne.	Ich bin stinkwütend. ☐	Ich stelle ihn zur Rede und weise ihn zurecht. ☐	Ich tue so, als würde ich es gar nicht hören. ☐
7. Ein Fremder rempelt mich an.	Ich remple zurück. ☐	Mir ist das egal, so lange er nicht meine Freunde anrempelt. ☐	Ich sage dem anderen und mache ihm deutlich, wie weh mir das tut. ☐
8. Ich werde von einem anderen als „Ausländer" beschimpft oder einer sagt zu mir : „Dein Verhalten ist typisch deutsch!"	Ich drohe ihm sofort Prügel an. ☐	Ich beschimpfe den anderen auch. ☐	Ich rede mit ihm und versuche ihm klarzumachen, dass ich sein Gerede blöd finde. ☐
9. Ich sehe, wie sich ein „Fremder" komisch verhält.	Ich denke sofort, der spinnt. ☐	Sein Verhalten führt mich dazu, dass ich ihn ablehne. ☐	Ich versuche mit ihm ins Gespräch zu kommen und lasse mir sein Verhalten erklären. ☐
10. *Ich*	☐	☐	☐

„Ausländisch" kochen

▶ Sammelt Rezepte aus anderen Ländern. Im Werkunterricht oder zu Hause könnt ihr diese Gerichte ausprobieren. Ladet Mitschülerinnen und Mitschüler zu diesem Essen ein.

Den Backofen auf 200° vorheizen. Die Auberginen 15 Minuten im Backofen rösten; öfters wenden und aus dem Herd nehmen. Den Backofen auf 180° schalten. Die Haut von den Auberginen abziehen. Die Früchte halbieren und bis auf einen 2 cm breiten Rand aushöhlen. Das Fruchtfleisch klein schneiden. Die Zwiebeln in Ringe schneiden. Die Tomaten häuten und klein schneiden. Die Knoblauchzehen schälen und durch die Knoblauchpresse drücken. 2 Esslöffel Öl erhitzen und die Zwiebelringe darin 5 Minuten anbraten. Die Tomaten und den Knoblauch zugeben und zugedeckt 5 Minuten dünsten. Das Lorbeerblatt, die Zimtstange, den Zucker, das Salz, die Petersilie und das Auberginenfleisch zufügen und alles weitere 10 Minuten dünsten. Das Lorbeerblatt und die Zimtstange entfernen, die Mandeln unterrühren. Eine feuerfeste Form einölen, die Auberginenhälften hineinlegen, mit der Gemüsemischung füllen, mit dem restlichen Öl beträufeln und 15 – 20 Minuten im Backofen überbacken.

Du bist so schön anders

▶ Anderes Aussehen kann seine eigene Schönheit haben. Manchmal fällt es uns aber schwer, so etwas auszudrücken. Versuche, die folgenden Sätze so weiter zu formulieren, dass das Schöne anderen deutlich wird.

Ich finde deine Haare ______________________

Deine Lippen sind ______________________

Dafür brauche ich Wasser

▶ Schreibe in die Tabelle, wofür du den ganzen Tag über Wasser brauchst.
Überlege, wo du Wasser sparen könntest.

Dafür brauche ich Wasser	Da könnte ich Wasser sparen

Ein Baum erzählt

▶ **Erzählt die Geschichte weiter.**

Ich bin eine alte Linde und schon fast hundert Jahre alt.
Ich stehe im Garten eines großen Bauernhofes.
Ich habe an diesem Ort schon viel erlebt.

Natur erleben

▶ Oft schlendern wir nur so durch die Gegend und nehmen wenig von der Natur wahr. Dabei könnten wir uns die Natur mit allen Sinnen erschließen.Bereite eine Waldrallye vor. Sorge dafür, dass an den einzelnen Stationen unterschiedliche Sinne angesprochen werden.

1. Station

Hock dich auf die Erde und schließe eine Minute lang die Augen. Lausche in die Natur. Schreibe anschließend drei Geräusche auf, die du wahrgenommen hast.

1. ______________________

2. ______________________

3. ______________________

2. Station

Such dir einen Baum und umarme ihn. Schreibe auf, wie sich der Baum anfühlt und was du dabei empfindest.

____

____

____

____

____

____

3. Station

____

____

____

____

____

Soll die Zukunft so aussehen?

▶ Betrachte das Bild. Zeichne eine Zukunft deiner Umwelt, wie du sie dir wünschst.

Ich sitze auf einem kleinen Stern

▶ Vor einer Fantasiereise:

Sucht euch ruhige Musik aus. Hört dieser Musik zu. Lasst euch dafür sehr viel Zeit. Atmet dabei ganz ruhig in den Bauch hinein. Schließt die Augen und seid ganz entspannt.
Stell dir vor, du wärest ein Stern am Himmel. Von dort kannst du die ganze Welt beobachten.

Du siehst, wie Menschen in riesigen Urwäldern leben und dir so klein erscheinen wie Stecknadelköpfe. Lange Zeit brauchst du, um euer Haus zu finden. Du hast es endlich gefunden. Dann siehst du …

Die Hauptfeste des Jahres

▶ Es gibt im Laufe eines Jahres viele Feste, die wir feiern. Schau dir die Symbole an und lies die Texte. Schneide dann beides aus, ordne es richtig zu und klebe es auf.

Beschreibung
Das Osterfest hat seinen Ursprung im jüdischen Pessach-Fest. Dieses Fest erinnert die Juden an die Befreiung aus der ägyptischen Sklaverei.
Die Christen erinnern mit dem Osterfest daran, dass zu dieser Zeit vor etwa 2000 Jahren Jesus am Kreuz gestorben und wieder auferstanden ist.
Am Karfreitag denken die Christen an das Leiden und den Tod Jesu.
Der Osterhase verdeutlicht, dass der Frühling angefangen hat. Der Hase gehört zu den Tieren, die im Frühjahr mit als erste ihre Jungen kriegen.
Der Name Ostern kommt von der Göttin Ostara. Sie war eine Göttin des Frühlings.
Am 1. Mai wird in der Bundesrepublik Deutschland der Tag der Arbeit gefeiert.
An Christi Himmelfahrt feiern die Christen, dass Jesus zu Gott, seinem Vater, zurückgekehrt ist.
Am 25. Dezember feiern die Christen die Geburt Jesu. Dieses Fest ist drei Tage nach dem Winteranfang.
Die ersten Christen feierten Weihnachten am 6. Januar. Heute wird an diesem Tag das Fest der Heiligen Drei Könige gefeiert.
Am Tag vor dem 25. Dezember ist der Heilige Abend. Viele Menschen beschenken sich an diesem Abend.
50 Tage nach Ostern feiern die Christen das Pfingstfest. Dieses Fest erinnert die Christen an die Anwesenheit des Geistes Jesu, den Heiligen Geist.
Am 3.Oktober wird in Deutschland der Tag der deutschen Wiedervereinigung gefeiert.
Einmal im Jahr feierst du deinen Geburtstag.

Symbole

Ausschneidebogen

Was ich alles zu einem Fest brauche …

Du willst ein Fest feiern. Dazu hast du einige Freundinnen und Freunde eingeladen. Schreibe auf, was du alles zu einem Fest brauchst.

	gute Laune	

Zeichne den Raum, in dem du das Fest feiern möchtest.

Zu Weihnachten wünsche ich mir …

▶ Zu Weihnachten kannst du diesmal zwei Wunschzettel schreiben. Du brauchst dabei nicht darauf zu achten, was die Wünsche kosten. Allerdings soll der eine Wunschzettel Wünsche enthalten, die du kaufen kannst, und der andere Wunschzettel Wünsche, die du nicht kaufen kannst.

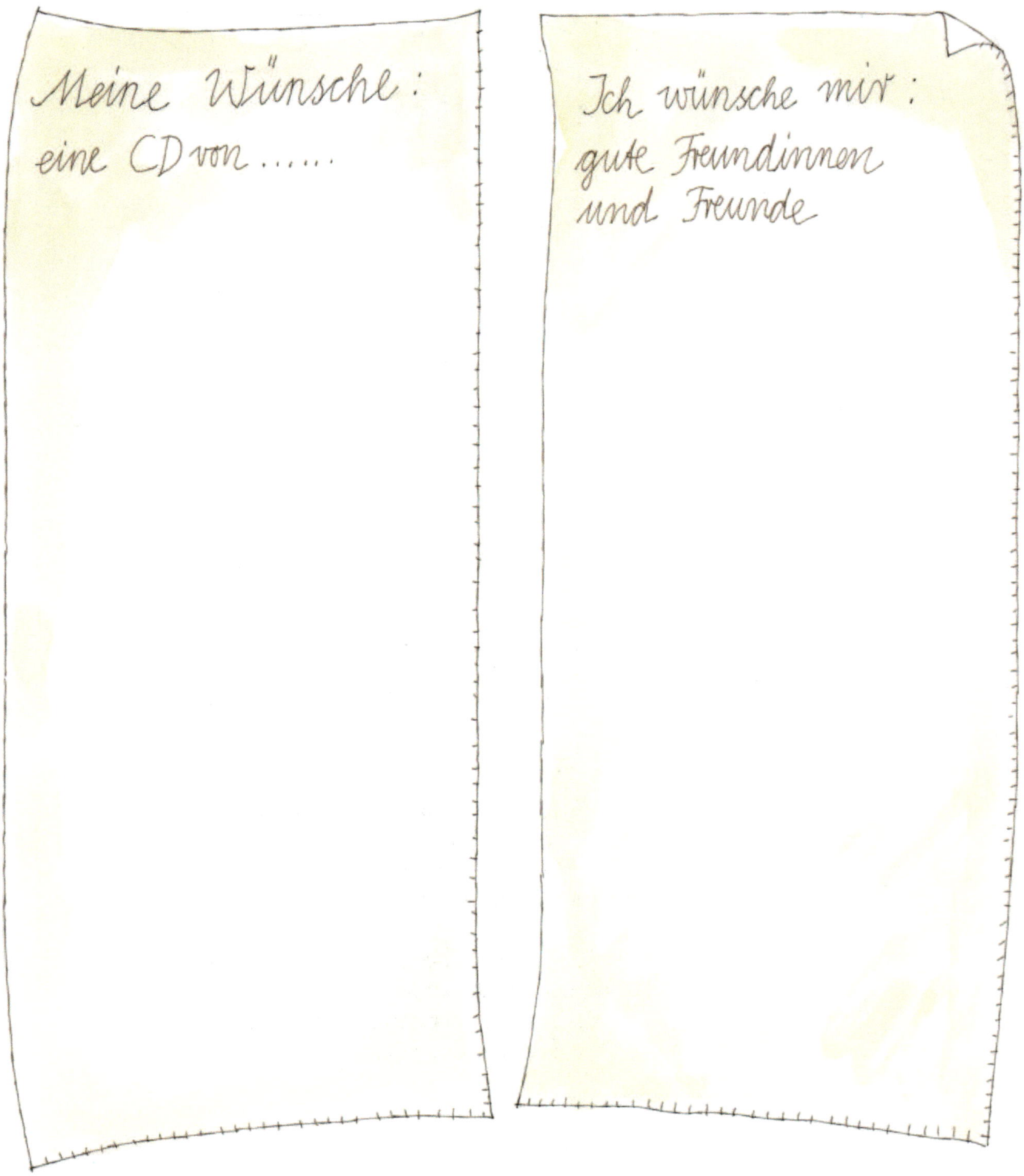

Mein eigener Kalender

- Jeder hat seine Lieblingsfeste. Trage in den Jahreskalender alle Feste ein, die für dich wichtig sind.
  Anschließend könnt ihr in der Klasse einen gemeinsamen Kalender auf einem Plakat erstellen, auf dem die Festtage von euch allen eingetragen sind.

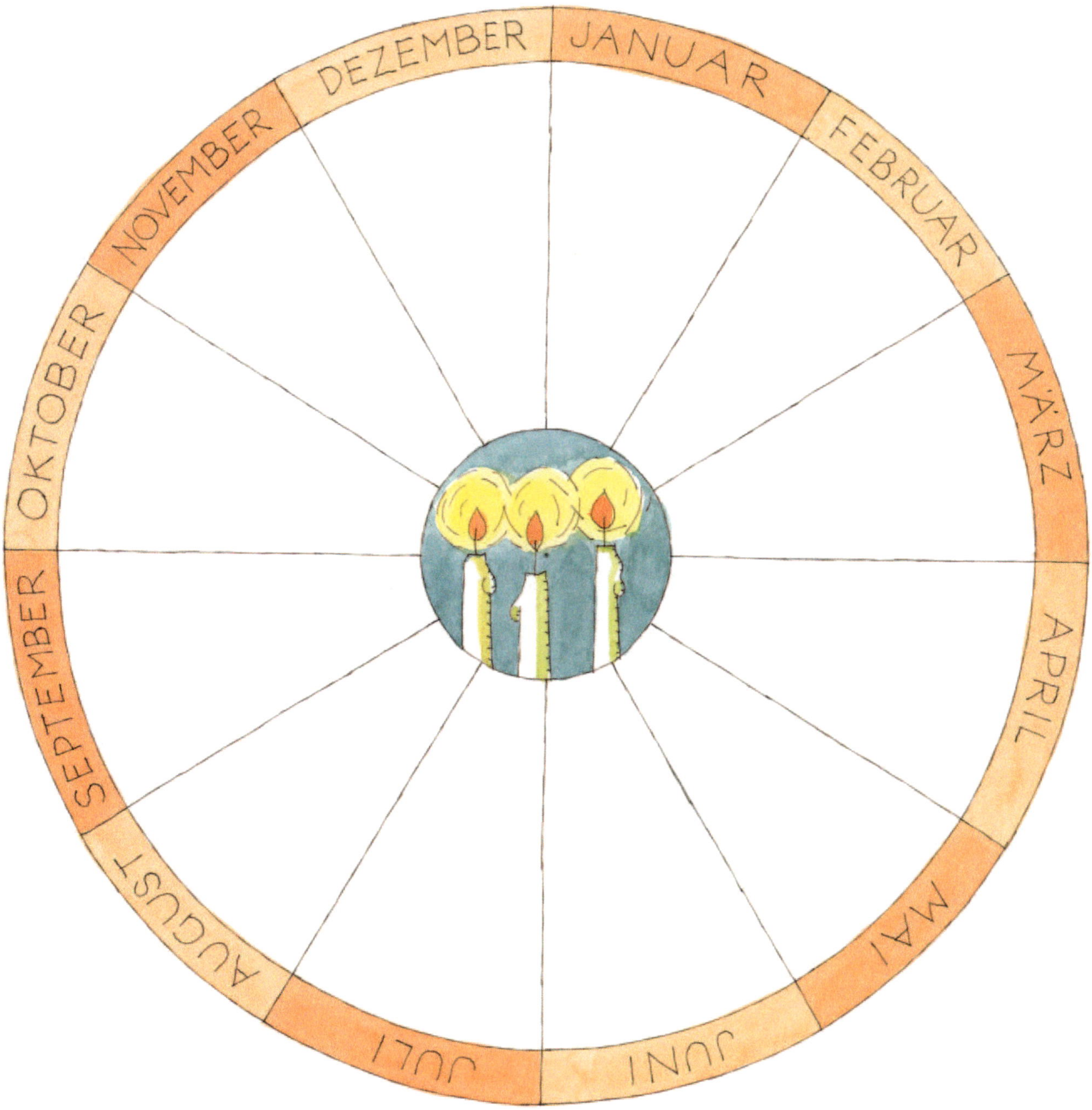

Abschied nehmen von einem Toten

- Schneidet aus der Zeitung mehrere Todesanzeigen aus.
  Versucht, dabei Todesanzeigen von Menschen ganz unterschiedlichen Alters zu finden. Schreibt dazu, mit welchen Worten Menschen von ihren Angehörigen „Abschied nehmen".
  Schreibt in ein weiteres Kästchen, mit welchen Worten ihr Abschied von einem Verstorbenen nehmen würdet.

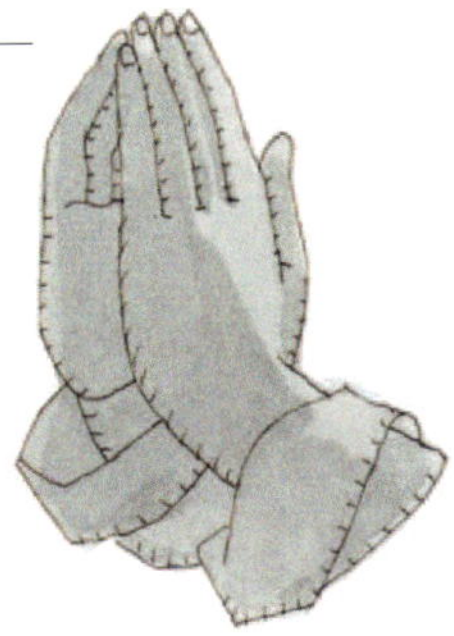

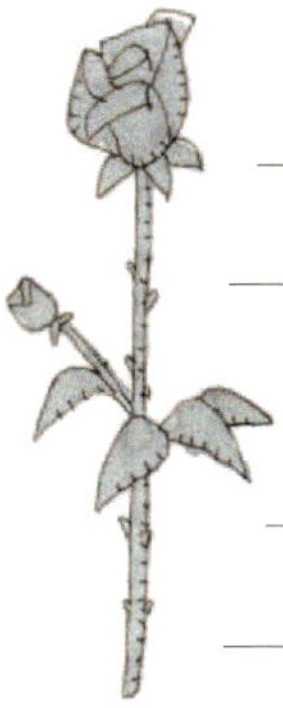

Wo gibt es welche Religion?

▶ Schlagt im Atlas eine Karte mit den Weltreligionen auf. Übertragt auf die Karte dieses Arbeitsblattes die Verbreitung der Weltreligionen Judentum, Christentum und Islam.

Die drei heiligen Schriften

▶ Das Judentum, der Islam und das Christentum haben jeweils ihre eigene heilige Schrift. Baue diese drei heiligen Schriften in einem Modell nach. Schreibe die Namen des jeweiligen heiligen Buches auf und trage anschließend den Namen für Gott in dieser Religion ein. Informiere dich darüber in deinem Schülerbuch oder in einem Jugendlexikon.

Name des heiligen Buches	Bastelanleitung	Name Gottes
	Die ersten Überlieferungen dieser „Heiligen Schrift" wurden in griechischen Buchstaben auf Papyrus geschrieben. Zerreiße altes Papier und vermische es mit Wasser. Mixe es dann kräftig mit einem Mixer durch. Diese Masse kannst du dann auf ein Sieb gießen und trocknen. Auf dem getrockneten Papier kannst du schreiben.	
	Auf zwei Rollen wurde dieses „Heilige Buch" geschrieben. Suche dir eine Tapetenrolle und zwei Holzstäbe. Befestige die Enden der Tapetenrolle an den Holzstäben. Dieses Buch wurde in hebräischer Schrift von rechts nach links geschrieben.	
	Dieses Buch ist in arabischer Schrift geschrieben. Suche dir mehrere Seiten Papier. Schneide sie auf das Format DIN A 5 zusammen. Nachdem du alle Blätter schön säuberlich zusammengelegt hast, kannst du sie am Rücken mit Holzleim bestreichen. Auf diese Klebeseiten legst du eine Mullbinde und klebst sie an. Zur Verstärkung des Buches klebst du noch zwei etwas dickere Pappdeckel auf das kleine Buch.	

Die Erzählung über die Schöpfung der Welt

▶ Im Alten Testament steht, dass Gott die Welt in sieben Tagen erschaffen habe. Diese Erzählung entstand, als die Israeliten in babylonischer Gefangenschaft waren, im Land zwischen Euphrat und Tigris. Dabei war es dem Schreiber wichtig zu zeigen, dass ihr Gott mächtiger sei als der Herrscher der Babylonier.

Lies die Geschichte über die Entstehung der Welt und male zu jedem Tag ein Bild, das die Vorgänge an den einzelnen Tagen deutlich macht. In einem achten Bild kannst du malen, wie der Gott der Israeliten und Christen heute die Schöpfung weiter erschaffen würde.

Jüdische Feiertage

▶ Hans hat während der Ferien den jüdischen Jungen Joseph kennen gelernt. Er schreibt seinem Freund Alexander einen Brief, in dem er ihm mitteilt, von welchen jüdischen Festen Joseph ihm erzählt hat.
Entwerfe einen Brief. Verwende die Begriffe Schabbat, Chanukka, Bar Mizwah und Bat Mizwah. Male ein Zeichen, das an die jeweiligen Feiertage erinnert.

Lieber Alexander,

Zu Besuch in einer muslimischen Familie

▶ Um etwas über den Islam zu erfahren, könnt ihr, wenn ihr die Gelegenheit habt, eine muslimische Familie besuchen. Denkt daran, euch anzumelden und einen Termin zu vereinbaren. Wenn es euch möglich ist, nehmt bitte ein Gastgeschenk mit.
Bei eurem Besuch könnt ihr folgende Fragen stellen. Schreibt weitere dazu.

1. **Im Islam gibt es fünf wichtige Glaubensgebote. Können Sie uns dazu etwas erzählen?**

2. **Jeder gläubige Muslim und jede gläubige Muslimin sollten einmal im Leben eine Wallfahrt nach Mekka unternehmen. Können Sie über eine Wallfahrt berichten?**

3. **Mehrmals täglich müssen Muslime ihre Gebete verrichten. Wann ist das?**

4. **Wie heißt der Gott im Islam und welche Bedeutung hat er für die Gläubigen?**

5. **Welche Bedeutung hat der Ramadan?**

Die religiösen Grundpflichten der Muslime

▶ Im Islam gibt es fünf Grundpflichten. Informiere dich darüber im Schülerbuch und gib mit eigenen Worten wieder, was sie bedeuten.

Arabischer Name	Deutscher Name	Bedeutung
Schada		
		drückt Dankbarkeit gegenüber Gott aus, lässt ärmere Muslime Hilfe zukommen, fördert die Liebe und Freigebigkeit unter den Menschen
Sàlat		
	Die Wallfahrt	

Was gehört wozu?

▶ In den Kästchen siehst du mehrere Gegenstände und Symbole. Schneide die drei Gotteshäuser aus und ordne die Gegenstände und Symbole den jeweiligen Gotteshäusern zu.

Ausschneidebogen

Kinderarbeit in anderen Teilen der Erde

▶ In vielen Ländern der Welt gibt es Kinderarbeit. Damit ist nicht gemeint, dass die Kinder beim Abwaschen oder im Garten helfen müssen. Die Kinder in der Dritten Welt verdienen mit ihrer Arbeit Geld für ihre Familie.
Wie sieht ein Tag im Leben von Graciela aus? Informiere dich darüber im Schülerbuch. Vergleiche ihren Tagesablauf mit deinem.

Kinder in anderen Ländern	Leben der Kinder bei uns

Arm und Reich

▶ Gestalte die Bilder so, dass der Überfluss weniger wird und die Not gemildert werden kann.

Formen der Ungerechtigkeit

▶ Ungerechtigkeit kann in ganz verschiedenen Formen auftreten. Informiere dich darüber im Schülerbuch oder bei deinen Eltern.
Beschreibe in den freien Kästen verschiedene Formen der Ungerechtigkeit.

Das finde ich ungerecht

▶ Ungerechtigkeiten nimmt man besonders dann wahr, wenn es um einen selbst geht. Beschreibe und zeichne solche Situationen.

TransFair und andere Preise

▶ Es gibt Lebensmittelgeschäfte, die Produkte mit einem TransFair-Siegel verkaufen.
Die Siegel bedeuten, dass Menschen, die dieses Produkt hergestellt haben, einen gerechten (fairen) Preis dafür bekommen haben. Diese „gerechte Bezahlung" sichert die Existenz der Menschen in der Dritten Welt.
Erkundige dich, ob die Geschäfte in deiner Umgebung diese Produkte ebenfalls anbieten.
Mache einen Preisvergleich.

TRANSFAIR

Name des Produktes	Preis mit TransFair-Siegel	Preis ohne TransFair-Siegel
1.		
2.		
3.		
4.		
5.		
6.		
7.		

Redaktion: Markus Bente, Eckenweiler
Gesamtgestaltung und technische Umsetzung: Jutta Artz
Illustrationen: Thomas Binder, Magdeburg

Begleitende Unterrichtsmaterialien:
www.cornelsen-teachweb.de/co/ethik

www.cornelsen.de

1. Auflage, 6. Druck 2011

Druck: Himmer AG, Augsburg

ISBN 978-3-464-60190-7

Inhalt gedruckt auf säurefreiem Papier aus nachhaltiger Forstwirtschaft.